EMG3-0095
合唱楽譜<J-POP>

J-POP
CHORUS PIECE

合唱で歌いたい！ J-POPコーラスピース

混声3部合唱

ひこうき雲

作詞・作曲：荒井由実　合唱編曲：西條太貴

••• 演奏のポイント •••

♪Aと Dは語るように歌いましょう。言葉の抑揚をつけて歌うことで、味わい深い演奏に繋がります。
♪Bの主旋律はアルトパートです。ソプラノパートは主張しすぎず、全体のバランスをとりましょう。
♪サビは、縦をよく揃えて歌いましょう。また、繰り返すごとに音の厚みを増すように演奏するとより一層盛り上がります。
♪Gはクライマックスです。各パートの掛け合いをキメて盛り上げましょう。また、美しい伸びやかな声で歌い感動を誘いましょう。
♪Hのハミングは柔らかい音色をつくりましょう。ピアノ伴奏をよく聴いて、音楽が流れるように歌うとよいでしょう。

【この楽譜は、旧商品『ひこうき雲（混声3部合唱）』（品番：EME-C3093）とアレンジ内容に変更はありません。】

ひこうき雲

作詞・作曲:荒井由実　合唱編曲:西條太貴

© 1973 by ALFA MUSIC, INC.

Elevato Music
EMG3-0095

9
ー ゆらー　かげろう が　あの こ ー　ー を つ つ む
mf
だ れ もー き
p
mp
Hum.
あの こ ー　ー を つ つ む
D　D/C　Bm7　CM7　D7
13
B
mp
Hum.
mf
なに
づかず ただー ひ と り ー　あの こは ー　のぼー っ てゆくー　なに
3
mp
Hum.
B
G　G/F♯　Bm7　C　C/B　Am7
mf
17
f
ー も ー　おそれな い　そ し て ー ま い あ が ー る ー　そ ら に
ー も ー　おそれな い　そ し て ー　ー ま い あ が ー る ー　そ ら に
mf
ま い あ が ー る ー　そ ら に
D　D/C　Bm7　CM7　D7

21
C
ー あこがれてー そらをー かけてゆくー あの
ー あこがれてー そらをー かけてゆくー
ー あこがれてー そらをー かけてゆくー
G Bm7 Em Bm7 Dm CM7
f
25
このー いのちはー ひこうきぐもー
mf f mp
Hum. ひこうきぐもー たか
Hum. ひこうきぐもー
Bm7 CM7 D7
29
D
い あのーまどでー あのこはー しぬーまーえもー そら
p
あのまどで しぬまえ
G G/F♯ Bm7 C C/B Am7
mp

33
mf
ほ かのー ひ
ー をーー みていた の いま は ー ー わ か ら なー いー ほ かのー ひ
も ー いま は ー ー わ か ら なー いー
D D/C Bm7 CM7 D7
37 E
とには わかー ら な い ー あま りにも わかー す ーぎ た と ただ
とには わかー ら な い ー あま りにも わかー す ーぎ た と ただ
mp
わ か ら なー い わ か す ぎ た
E G G/F♯ Bm7 C C/B Am7
mf
41
f
ー おもうだ け けれ ど ー ーし あ わ せ そら に
ー おもうだ け けれ ど ー ーし あ わ せ そら に
mf
と ー けれ ど ー ーし あ わ せ そら に
D D/C Bm7 CM7 D7

45 F
ー あこがれてー そらをー かけてーゆくー
ー あこがれてー そらをー かけてゆくー あの
ー あこがれてー そらをー かけてゆくー
F G Bm7 Em Bm7 Dm CM7
f
49
mf f
Hum. ひこうきぐも ー
このー いのちはー ひこうきぐも ー
mf f più f
Hum. ひこうきぐも ー そらに
Bm7 CM7 D7
53 G
più f mf
そらにー あこがれてー そらかけ てーゆく ーーーー あの
più f
そらにーあこがれて そらかけ てーゆく
ー あこがれてー そらをー かけ てーゆく
G G Bm Em Bm7 Dm CM7
più f

57
poco rit.
このー　いのちはー　ひこう　ーきぐも
mf
あのこのー　ひこう　ーきぐも
mf
いのちは　ひこう　ーきぐも
poco rit.
Bm7
CM7
C/D
mf
H ♩=80
60
mp
p
Hum.
CM7
Dm7
p poco a poco dim.
64
pp
rit.
Hum.
CM7
Dm7
pp
Elevato Music
EMG3-0095

MEMO

ひこうき雲

作詞：荒井由実

白い坂道が　空まで続いていた
ゆらゆらかげろうが　あの子を包む
誰も気づかず　ただひとり
あの子は昇っていく
何もおそれない　そして舞い上がる

空に憧れて
空をかけてゆく
あの子の命はひこうき雲

高いあの窓で　あの子は死ぬ前も
空を見ていたの　今はわからない
ほかの人には　わからない
あまりにも若すぎたと
ただ思うだけ　けれどしあわせ

空に憧れて
空をかけてゆく
あの子の命はひこうき雲

空に憧れて
空をかけてゆく
あの子の命はひこうき雲

MEMO

MEMO

エレヴァートミュージックエンターテイメントはウィンズスコアが
展開する「合唱楽譜・器楽系楽譜」を中心とした専門レーベルです。

ご注文について

エレヴァートミュージックエンターテイメントの商品は全国の楽器店、ならびに書店にてお求めになれますが、店頭でのご購入が困難な場合、下記PC＆モバイルサイト・FAX・電話からのご注文で、直接ご購入が可能です。

◎PCサイト＆モバイルサイトでのご注文方法

http://elevato-music.com

上記のアドレスへアクセスし、WEBショップにてご注文ください。

◎FAXでのご注文方法

FAX.03-6809-0594

24時間、ご注文を承ります。上記PCサイトよりFAXご注文用紙をダウンロードし、
印刷、ご記入の上ご送信ください。

◎お電話でのご注文方法

TEL.0120-713-771

営業時間内に電話いただければ、電話にてご注文を承ります。

※この出版物の全部または一部を権利者に無断で複製（コピー）することは、著作権の侵害にあたり、
著作権法により罰せられます。

※造本には十分注意しておりますが、万一、落丁・乱丁などの不良品がありましたらお取り替えいたします。
また、ご意見・ご感想もホームページより受け付けておりますので、お気軽にお問い合わせください。

LOVE THE ORIGINAL
楽譜のコピーはやめましょう